Journal de Bord

Nom du bateau

Port d'attache

N° d'immatriculation

Titre de navigation délivré le

Acte de francisation délivré le

Indicatif radio

Propriétaire

Téléphone

E-mail

Assurance

Date du jour : _____   De _____   à _____

Météo : _____   Origine du bulletin _____

MOTEUR	
Huile	
Eau douce refroidissement	
Eau de mer refroidissement	
Batterie	

☀ —— PRÉVISIONS POUR LA JOURNÉE ——

Vent : _____   Temps : _____

Houle : _____   Mer : _____

Visibilité : _____

☾ —— PRÉVISIONS POUR LA NUIT ——

Vent : _____   Temps : _____

Houle : _____   Mer : _____

Visibilité : _____

—— TENDANCES ULTÉRIEURES ——

Vent : _____   Temps : _____

Houle : _____   Mer : _____

Visibilité : _____

HEURE	VENT	MER	VISI	BARO	CAP COMPAS	ROUTE	DISTANCE	VITESSE	COURANT	ALLURES	OBSERVATIONS

Evénements & Incidents

Date du jour : _____ De _____ à _____

Météo : _____ Origine du bulletin _____

MOTEUR	
Huile	
Eau douce refroidissement	
Eau de mer refroidissement	
Batterie	

☼
—— PRÉVISIONS POUR LA JOURNÉE ——

Vent : _____ Temps : _____

Houle : _____ Mer : _____

Visibilité : _____

☾
—— PRÉVISIONS POUR LA NUIT ——

Vent : _____ Temps : _____

Houle : _____ Mer : _____

Visibilité : _____

—— TENDANCES ULTÉRIEURES ——

Vent : _____ Temps : _____

Houle : _____ Mer : _____

Visibilité : _____

HEURE	VENT	MER	VISI	BARO	CAP COMPAS	ROUTE	DISTANCE	VITESSE	COURANT	ALLURES	OBSERVATIONS

Evénements & Incidents

Date du jour : .... De .... à ....

Météo : .... Origine du bulletin ....

MOTEUR	
Huile	
Eau douce refroidissement	
Eau de mer refroidissement	
Batterie	

☀ —— PRÉVISIONS POUR LA JOURNÉE ——

Vent : .... Temps : ....

Houle : .... Mer : ....

Visibilité : ....

☾ —— PRÉVISIONS POUR LA NUIT ——

Vent : .... Temps : ....

Houle : .... Mer : ....

Visibilité : ....

—— TENDANCES ULTÉRIEURES ——

Vent : .... Temps : ....

Houle : .... Mer : ....

Visibilité : ....

HEURE	VENT	MER	VISI	BARO	CAP COMPAS	ROUTE	DISTANCE	VITESSE	COURANT	ALLURES	OBSERVATIONS

Evénements & Incidents

Date du jour : _____ De _____ à _____

Météo : _____ Origine du bulletin _____

MOTEUR	
Huile	
Eau douce refroidissement	
Eau de mer refroidissement	
Batterie	

—— PRÉVISIONS POUR LA JOURNÉE ——

Vent : _____ Temps : _____

Houle : _____ Mer : _____

Visibilité : _____

—— PRÉVISIONS POUR LA NUIT ——

Vent : _____ Temps : _____

Houle : _____ Mer : _____

Visibilité : _____

—— TENDANCES ULTÉRIEURES ——

Vent : _____ Temps : _____

Houle : _____ Mer : _____

Visibilité : _____

HEURE	VENT	MER	VISI	BARO	CAP COMPAS	ROUTE	DISTANCE	VITESSE	COURANT	ALLURES	OBSERVATIONS

Evénements & Incidents

Date du jour : ....   De ....   à ....

Météo : ....   Origine du bulletin ....

MOTEUR	
Huile	
Eau douce refroidissement	
Eau de mer refroidissement	
Batterie	

☀ PRÉVISIONS POUR LA JOURNÉE

Vent : ....   Temps : ....

Houle : ....   Mer : ....

Visibilité : ....

☾ PRÉVISIONS POUR LA NUIT

Vent : ....   Temps : ....

Houle : ....   Mer : ....

Visibilité : ....

TENDANCES ULTÉRIEURES

Vent : ....   Temps : ....

Houle : ....   Mer : ....

Visibilité : ....

HEURE	VENT	MER	VISI	BARO	CAP COMPAS	ROUTE	DISTANCE	VITESSE	COURANT	ALLURES	OBSERVATIONS

Evénements & Incidents

Date du jour : _____ De _____ à _____

Météo : _____ Origine du bulletin _____

	MOTEUR	
Huile		
Eau douce refroidissement		
Eau de mer refroidissement		
Batterie		

☀ —— PRÉVISIONS POUR LA JOURNÉE ——

Vent : _____ Temps : _____

Houle : _____ Mer : _____

Visibilité : _____

☾ —— PRÉVISIONS POUR LA NUIT ——

Vent : _____ Temps : _____

Houle : _____ Mer : _____

Visibilité : _____

—— TENDANCES ULTÉRIEURES ——

Vent : _____ Temps : _____

Houle : _____ Mer : _____

Visibilité : _____

HEURE	VENT	MER	VISI	BARO	CAP COMPAS	ROUTE	DISTANCE	VITESSE	COURANT	ALLURES	O B S E R V A T I O N S

Evénements & Incidents

Date du jour : _____ De _____ à _____

Météo : _____ Origine du bulletin _____

MOTEUR	
Huile	
Eau douce refroidissement	
Eau de mer refroidissement	
Batterie	

☀ —— PRÉVISIONS POUR LA JOURNÉE ——

Vent : _____ Temps : _____

Houle : _____ Mer : _____

Visibilité : _____

☾ —— PRÉVISIONS POUR LA NUIT ——

Vent : _____ Temps : _____

Houle : _____ Mer : _____

Visibilité : _____

—— TENDANCES ULTÉRIEURES ——

Vent : _____ Temps : _____

Houle : _____ Mer : _____

Visibilité : _____

HEURE	VENT	MER	VISI	BARO	CAP COMPAS	ROUTE	DISTANCE	VITESSE	COURANT	ALLURES	OBSERVATIONS

Evénements & Incidents

Date du jour : _____   De _____ à _____

Météo : _____   Origine du bulletin _____

MOTEUR	
Huile	
Eau douce refroidissement	
Eau de mer refroidissement	
Batterie	

☀ — PRÉVISIONS POUR LA JOURNÉE —   ☾ — PRÉVISIONS POUR LA NUIT —   — TENDANCES ULTÉRIEURES —

Vent : _____   Temps : _____   Vent : _____   Temps : _____   Vent : _____   Temps : _____

Houle : _____   Mer : _____   Houle : _____   Mer : _____   Houle : _____   Mer : _____

Visibilité : _____   Visibilité : _____   Visibilité : _____

HEURE	VENT	MER	VISI	BARO	CAP COMPAS	ROUTE	DISTANCE	VITESSE	COURANT	ALLURES	OBSERVATIONS

Evénements & Incidents

Date du jour :   De   à

Météo :   Origine du bulletin

MOTEUR	
Huile	
Eau douce refroidissement	
Eau de mer refroidissement	
Batterie	

☼
—— PRÉVISIONS POUR LA JOURNÉE ——

Vent :   Temps :

Houle :   Mer :

Visibilité :

☾
—— PRÉVISIONS POUR LA NUIT ——

Vent :   Temps :

Houle :   Mer :

Visibilité :

—— TENDANCES ULTÉRIEURES ——

Vent :   Temps :

Houle :   Mer :

Visibilité :

HEURE	VENT	MER	VISI	BARO	CAP COMPAS	ROUTE	DISTANCE	VITESSE	COURANT	ALLURES	OBSERVATIONS

Evénements & Incidents

Date du jour : _____ De _____ à _____

Météo : _____ Origine du bulletin _____

MOTEUR	
Huile	
Eau douce refroidissement	
Eau de mer refroidissement	
Batterie	

☀ —— PRÉVISIONS POUR LA JOURNÉE ——

Vent : _____ Temps : _____

Houle : _____ Mer : _____

Visibilité : _____

☾ —— PRÉVISIONS POUR LA NUIT ——

Vent : _____ Temps : _____

Houle : _____ Mer : _____

Visibilité : _____

—— TENDANCES ULTÉRIEURES ——

Vent : _____ Temps : _____

Houle : _____ Mer : _____

Visibilité : _____

HEURE	VENT	MER	VISI	BARO	CAP COMPAS	ROUTE	DISTANCE	VITESSE	COURANT	ALLURES	OBSERVATIONS

Evénements & Incidents

Date du jour : _____ De _____ à _____

Météo : _____ Origine du bulletin _____

MOTEUR	
Huile	
Eau douce refroidissement	
Eau de mer refroidissement	
Batterie	

☀
—— PRÉVISIONS POUR LA JOURNÉE ——

Vent : _____ Temps : _____

Houle : _____ Mer : _____

Visibilité : _____

☾
—— PRÉVISIONS POUR LA NUIT ——

Vent : _____ Temps : _____

Houle : _____ Mer : _____

Visibilité : _____

—— TENDANCES ULTÉRIEURES ——

Vent : _____ Temps : _____

Houle : _____ Mer : _____

Visibilité : _____

HEURE	VENT	MER	VISI	BARO	CAP COMPAS	ROUTE	DISTANCE	VITESSE	COURANT	ALLURES	OBSERVATIONS

Evénements & Incidents

Date du jour : _____   De _____   à _____

Météo : _____   Origine du bulletin _____

MOTEUR	
Huile	
Eau douce refroidissement	
Eau de mer refroidissement	
Batterie	

☀

—— PRÉVISIONS POUR LA JOURNÉE ——

Vent : _____   Temps : _____

Houle : _____   Mer : _____

Visibilité : _____

☾

—— PRÉVISIONS POUR LA NUIT ——

Vent : _____   Temps : _____

Houle : _____   Mer : _____

Visibilité : _____

—— TENDANCES ULTÉRIEURES ——

Vent : _____   Temps : _____

Houle : _____   Mer : _____

Visibilité : _____

HEURE	VENT	MER	VISI	BARO	CAP COMPAS	ROUTE	DISTANCE	VITESSE	COURANT	ALLURES	OBSERVATIONS

Evénements & Incidents

Date du jour : _____   De _____   à _____

Météo : _____   Origine du bulletin _____

MOTEUR	
Huile	
Eau douce refroidissement	
Eau de mer refroidissement	
Batterie	

☀ —— PRÉVISIONS POUR LA JOURNÉE ——

Vent : _____   Temps : _____

Houle : _____   Mer : _____

Visibilité : _____

☾ —— PRÉVISIONS POUR LA NUIT ——

Vent : _____   Temps : _____

Houle : _____   Mer : _____

Visibilité : _____

—— TENDANCES ULTÉRIEURES ——

Vent : _____   Temps : _____

Houle : _____   Mer : _____

Visibilité : _____

HEURE	VENT	MER	VISI	BARO	CAP COMPAS	ROUTE	DISTANCE	VITESSE	COURANT	ALLURES	OBSERVATIONS

Evénements & Incidents

Date du jour : _____ De _____ à _____

Météo : _____ Origine du bulletin _____

MOTEUR	
Huile	
Eau douce refroidissement	
Eau de mer refroidissement	
Batterie	

☀

── PRÉVISIONS POUR LA JOURNÉE ──

Vent : _____ Temps : _____

Houle : _____ Mer : _____

Visibilité : _____

☾

── PRÉVISIONS POUR LA NUIT ──

Vent : _____ Temps : _____

Houle : _____ Mer : _____

Visibilité : _____

── TENDANCES ULTÉRIEURES ──

Vent : _____ Temps : _____

Houle : _____ Mer : _____

Visibilité : _____

HEURE	VENT	MER	VISI	BARO	CAP COMPAS	ROUTE	DISTANCE	VITESSE	COURANT	ALLURES	OBSERVATIONS

Evénements & Incidents

Date du jour : _____   De _____ à _____

Météo : _____   Origine du bulletin _____

☼
—— PRÉVISIONS POUR LA JOURNÉE ——

Vent : _____   Temps : _____

Houle : _____   Mer : _____

Visibilité : _____

☾
—— PRÉVISIONS POUR LA NUIT ——

Vent : _____   Temps : _____

Houle : _____   Mer : _____

Visibilité : _____

—— TENDANCES ULTÉRIEURES ——

Vent : _____   Temps : _____

Houle : _____   Mer : _____

Visibilité : _____

HEURE	VENT	MER	VISI	BARO	CAP COMPAS	ROUTE	DISTANCE	VITESSE	COURANT	ALLURES	OBSERVATIONS

Evénements & Incidents

Date du jour : _____ De _____ à _____

Météo : _____ Origine du bulletin _____

MOTEUR	
Huile	
Eau douce refroidissement	
Eau de mer refroidissement	
Batterie	

☀

—— PRÉVISIONS POUR LA JOURNÉE ——

Vent : _____ Temps : _____

Houle : _____ Mer : _____

Visibilité : _____

☾

—— PRÉVISIONS POUR LA NUIT ——

Vent : _____ Temps : _____

Houle : _____ Mer : _____

Visibilité : _____

—— TENDANCES ULTÉRIEURES ——

Vent : _____ Temps : _____

Houle : _____ Mer : _____

Visibilité : _____

HEURE	VENT	MER	VISI	BARO	CAP COMPAS	ROUTE	DISTANCE	VITESSE	COURANT	ALLURES	OBSERVATIONS

Evénements & Incidents

Date du jour : .... **De** .... **à** ....

Météo : .... **Origine du bulletin** ....

	MOTEUR	
Huile		
Eau douce refroidissement		
Eau de mer refroidissement		
Batterie		

☀

—— PRÉVISIONS POUR LA JOURNÉE ——

Vent : .... Temps : ....

Houle : .... Mer : ....

Visibilité : ....

☾

—— PRÉVISIONS POUR LA NUIT ——

Vent : .... Temps : ....

Houle : .... Mer : ....

Visibilité : ....

—— TENDANCES ULTÉRIEURES ——

Vent : .... Temps : ....

Houle : .... Mer : ....

Visibilité : ....

HEURE	VENT	MER	VISI	BARO	CAP COMPAS	ROUTE	DISTANCE	VITESSE	COURANT	ALLURES	OBSERVATIONS

Evénements & Incidents

Date du jour : _____ **De** _____ **à** _____

Météo : _____ **Origine du bulletin** _____

MOTEUR	
Huile	
Eau douce refroidissement	
Eau de mer refroidissement	
Batterie	

☼
—— **PRÉVISIONS POUR LA JOURNÉE** ——

Vent : _____ Temps : _____

Houle : _____ Mer : _____

Visibilité : _____

☾
—— **PRÉVISIONS POUR LA NUIT** ——

Vent : _____ Temps : _____

Houle : _____ Mer : _____

Visibilité : _____

—— **TENDANCES ULTÉRIEURES** ——

Vent : _____ Temps : _____

Houle : _____ Mer : _____

Visibilité : _____

HEURE	VENT	MER	VISI	BARO	CAP COMPAS	ROUTE	DISTANCE	VITESSE	COURANT	ALLURES	OBSERVATIONS

Evénements & Incidents

Date du jour : _____   De _____   à _____

Météo : _____

Origine du bulletin _____

MOTEUR	
Huile	
Eau douce refroidissement	
Eau de mer refroidissement	
Batterie	

☀

—— PRÉVISIONS POUR LA JOURNÉE ——

Vent : _____   Temps : _____

Houle : _____   Mer : _____

Visibilité : _____

☾

—— PRÉVISIONS POUR LA NUIT ——

Vent : _____   Temps : _____

Houle : _____   Mer : _____

Visibilité : _____

—— TENDANCES ULTÉRIEURES ——

Vent : _____   Temps : _____

Houle : _____   Mer : _____

Visibilité : _____

HEURE	VENT	MER	VISI	BARO	CAP COMPAS	ROUTE	DISTANCE	VITESSE	COURANT	ALLURES	OBSERVATIONS

Evénements & Incidents

Date du jour : _____   De _____   à _____

Météo : _____   Origine du bulletin _____

MOTEUR	
Huile	
Eau douce refroidissement	
Eau de mer refroidissement	
Batterie	

☼ —— PRÉVISIONS POUR LA JOURNÉE ——

Vent : _____   Temps : _____

Houle : _____   Mer : _____

Visibilité : _____

☾ —— PRÉVISIONS POUR LA NUIT ——

Vent : _____   Temps : _____

Houle : _____   Mer : _____

Visibilité : _____

—— TENDANCES ULTÉRIEURES ——

Vent : _____   Temps : _____

Houle : _____   Mer : _____

Visibilité : _____

HEURE	VENT	MER	VISI	BARO	CAP COMPAS	ROUTE	DISTANCE	VITESSE	COURANT	ALLURES	OBSERVATIONS

Evénements & Incidents

Date du jour :   De   à

Météo :   Origine du bulletin

MOTEUR	
Huile	
Eau douce refroidissement	
Eau de mer refroidissement	
Batterie	

—— PRÉVISIONS POUR LA JOURNÉE ——

Vent :   Temps :

Houle :   Mer :

Visibilité :

—— PRÉVISIONS POUR LA NUIT ——

Vent :   Temps :

Houle :   Mer :

Visibilité :

—— TENDANCES ULTÉRIEURES ——

Vent :   Temps :

Houle :   Mer :

Visibilité :

HEURE	VENT	MER	VISI	BARO	CAP COMPAS	ROUTE	DISTANCE	VITESSE	COURANT	ALLURES	OBSERVATIONS

Evénements & Incidents

Date du jour : .... De .... à ....

Météo : ....

Origine du bulletin ....

MOTEUR	
Huile	
Eau douce refroidissement	
Eau de mer refroidissement	
Batterie	

☼
—— PRÉVISIONS POUR LA JOURNÉE ——

Vent :   Temps :

Houle :   Mer :

Visibilité :

☾
—— PRÉVISIONS POUR LA NUIT ——

Vent :   Temps :

Houle :   Mer :

Visibilité :

—— TENDANCES ULTÉRIEURES ——

Vent :   Temps :

Houle :   Mer :

Visibilité :

HEURE	VENT	MER	VISI	BARO	CAP COMPAS	ROUTE	DISTANCE	VITESSE	COURANT	ALLURES	OBSERVATIONS

Evénements & Incidents

Date du jour : _____ De _____ à _____

Météo : _____ Origine du bulletin _____

MOTEUR	
Huile	
Eau douce refroidissement	
Eau de mer refroidissement	
Batterie	

☼
—— PRÉVISIONS POUR LA JOURNÉE ——

Vent : _____ Temps : _____

Houle : _____ Mer : _____

Visibilité : _____

☾
—— PRÉVISIONS POUR LA NUIT ——

Vent : _____ Temps : _____

Houle : _____ Mer : _____

Visibilité : _____

—— TENDANCES ULTÉRIEURES ——

Vent : _____ Temps : _____

Houle : _____ Mer : _____

Visibilité : _____

HEURE	VENT	MER	VISI	BARO	CAP COMPAS	ROUTE	DISTANCE	VITESSE	COURANT	ALLURES	OBSERVATIONS

Evénements & Incidents

Date du jour : _____ **De** _____ **à** _____

Météo : _____ **Origine du bulletin** _____

MOTEUR	
Huile	
Eau douce refroidissement	
Eau de mer refroidissement	
Batterie	

☼
—— PRÉVISIONS POUR LA JOURNÉE ——

Vent : _____ Temps : _____

Houle : _____ Mer : _____

Visibilité : _____

☽
—— PRÉVISIONS POUR LA NUIT ——

Vent : _____ Temps : _____

Houle : _____ Mer : _____

Visibilité : _____

—— TENDANCES ULTÉRIEURES ——

Vent : _____ Temps : _____

Houle : _____ Mer : _____

Visibilité : _____

HEURE	VENT	MER	VISI	BARO	CAP COMPAS	ROUTE	DISTANCE	VITESSE	COURANT	ALLURES	OBSERVATIONS

Evénements & Incidents

Date du jour :　　　　　　　　De　　　　　　　　à

Météo :　　　　　　　　　　　Origine du bulletin

MOTEUR	
Huile	
Eau douce refroidissement	
Eau de mer refroidissement	
Batterie	

—— PRÉVISIONS POUR LA JOURNÉE ——

Vent :　　　　　　　Temps :

Houle :　　　　　　Mer :

Visibilité :

—— PRÉVISIONS POUR LA NUIT ——

Vent :　　　　　　　Temps :

Houle :　　　　　　Mer :

Visibilité :

—— TENDANCES ULTÉRIEURES ——

Vent :　　　　　　　Temps :

Houle :　　　　　　Mer :

Visibilité :

HEURE	VENT	MER	VISI	BARO	CAP COMPAS	ROUTE	DISTANCE	VITESSE	COURANT	ALLURES	OBSERVATIONS

Evénements & Incidents

Date du jour : .... De .... à ....

Météo : .... Origine du bulletin ....

☀
—— PRÉVISIONS POUR LA JOURNÉE ——

Vent : .... Temps : ....

Houle : .... Mer : ....

Visibilité : ....

☾
—— PRÉVISIONS POUR LA NUIT ——

Vent : .... Temps : ....

Houle : .... Mer : ....

Visibilité : ....

—— TENDANCES ULTÉRIEURES ——

Vent : .... Temps : ....

Houle : .... Mer : ....

Visibilité : ....

HEURE	VENT	MER	VISI	BARO	CAP COMPAS	ROUTE	DISTANCE	VITESSE	COURANT	ALLURES	OBSERVATIONS

Evénements & Incidents

Date du jour : _____ De _____ à _____

MOTEUR

Huile	
Eau douce refroidissement	
Eau de mer refroidissement	
Batterie	

Météo : _____ Origine du bulletin _____

☀️
— PRÉVISIONS POUR LA JOURNÉE —

Vent : _____ Temps : _____

Houle : _____ Mer : _____

Visibilité : _____

🌙
— PRÉVISIONS POUR LA NUIT —

Vent : _____ Temps : _____

Houle : _____ Mer : _____

Visibilité : _____

— TENDANCES ULTÉRIEURES —

Vent : _____ Temps : _____

Houle : _____ Mer : _____

Visibilité : _____

HEURE	VENT	MER	VISI	BARO	CAP COMPAS	ROUTE	DISTANCE	VITESSE	COURANT	ALLURES	O B S E R V A T I O N S

Evénements & Incidents

Date du jour : _____   **De** _____   **à** _____

Météo : _____   **Origine du bulletin** _____

MOTEUR	
Huile	
Eau douce refroidissement	
Eau de mer refroidissement	
Batterie	

☀ PRÉVISIONS POUR LA JOURNÉE

Vent : _____   Temps : _____

Houle : _____   Mer : _____

Visibilité : _____

☾ PRÉVISIONS POUR LA NUIT

Vent : _____   Temps : _____

Houle : _____   Mer : _____

Visibilité : _____

TENDANCES ULTÉRIEURES

Vent : _____   Temps : _____

Houle : _____   Mer : _____

Visibilité : _____

HEURE	VENT	MER	VISI	BARO	CAP COMPAS	ROUTE	DISTANCE	VITESSE	COURANT	ALLURES	OBSERVATIONS

Evénements & Incidents

Date du jour : _____   De _____   à _____

Météo : _____   Origine du bulletin _____

MOTEUR	
Huile	
Eau douce refroidissement	
Eau de mer refroidissement	
Batterie	

☀ —— PRÉVISIONS POUR LA JOURNÉE ——

Vent : _____   Temps : _____

Houle : _____   Mer : _____

Visibilité : _____

☾ —— PRÉVISIONS POUR LA NUIT ——

Vent : _____   Temps : _____

Houle : _____   Mer : _____

Visibilité : _____

—— TENDANCES ULTÉRIEURES ——

Vent : _____   Temps : _____

Houle : _____   Mer : _____

Visibilité : _____

HEURE	VENT	MER	VISI	BARO	CAP COMPAS	ROUTE	DISTANCE	VITESSE	COURANT	ALLURES	OBSERVATIONS

Evénements & Incidents

Date du jour : .... De .... à ....

Météo : .... Origine du bulletin ....

MOTEUR	
Huile	
Eau douce refroidissement	
Eau de mer refroidissement	
Batterie	

☀ —— PRÉVISIONS POUR LA JOURNÉE ——

Vent : .... Temps : ....

Houle : .... Mer : ....

Visibilité : ....

☾ —— PRÉVISIONS POUR LA NUIT ——

Vent : .... Temps : ....

Houle : .... Mer : ....

Visibilité : ....

—— TENDANCES ULTÉRIEURES ——

Vent : .... Temps : ....

Houle : .... Mer : ....

Visibilité : ....

HEURE	VENT	MER	VISI	BARO	CAP COMPAS	ROUTE	DISTANCE	VITESSE	COURANT	ALLURES	OBSERVATIONS

Evénements & Incidents

Date du jour : .... De .... à ....

Météo : ....

Origine du bulletin ....

☀ —— PRÉVISIONS POUR LA JOURNÉE ——

Vent : .... Temps : ....

Houle : .... Mer : ....

Visibilité : ....

☾ —— PRÉVISIONS POUR LA NUIT ——

Vent : .... Temps : ....

Houle : .... Mer : ....

Visibilité : ....

—— TENDANCES ULTÉRIEURES ——

Vent : .... Temps : ....

Houle : .... Mer : ....

Visibilité : ....

HEURE	VENT	MER	VISI	BARO	CAP COMPAS	ROUTE	DISTANCE	VITESSE	COURANT	ALLURES	OBSERVATIONS

Evénements & Incidents

Date du jour : _____   De _____   à _____

Météo : _____   Origine du bulletin _____

MOTEUR	
Huile	
Eau douce refroidissement	
Eau de mer refroidissement	
Batterie	

☀ —— PRÉVISIONS POUR LA JOURNÉE ——

Vent : _____   Temps : _____

Houle : _____   Mer : _____

Visibilité : _____

☾ —— PRÉVISIONS POUR LA NUIT ——

Vent : _____   Temps : _____

Houle : _____   Mer : _____

Visibilité : _____

—— TENDANCES ULTÉRIEURES ——

Vent : _____   Temps : _____

Houle : _____   Mer : _____

Visibilité : _____

HEURE	VENT	MER	VISI	BARO	CAP COMPAS	ROUTE	DISTANCE	VITESSE	COURANT	ALLURES	OBSERVATIONS

Evénements & Incidents

Date du jour : _____   **De** _____   **à** _____

Météo : _____   **Origine du bulletin** _____

<table>
<tr><th colspan="2">M O T E U R</th></tr>
<tr><td>Huile</td><td></td></tr>
<tr><td>Eau douce refroidissement</td><td></td></tr>
<tr><td>Eau de mer refroidissement</td><td></td></tr>
<tr><td>Batterie</td><td></td></tr>
</table>

☀

—— **PRÉVISIONS POUR LA JOURNÉE** ——

Vent : _____   Temps : _____

Houle : _____   Mer : _____

Visibilité : _____

☾

—— **PRÉVISIONS POUR LA NUIT** ——

Vent : _____   Temps : _____

Houle : _____   Mer : _____

Visibilité : _____

—— **TENDANCES ULTÉRIEURES** ——

Vent : _____   Temps : _____

Houle : _____   Mer : _____

Visibilité : _____

HEURE	VENT	MER	VISI	BARO	CAP COMPAS	ROUTE	DISTANCE	VITESSE	COURANT	ALLURES	O B S E R V A T I O N S

Evénements & Incidents

Date du jour : _____   De _____   à _____

Météo : _____   Origine du bulletin _____

MOTEUR	
Huile	
Eau douce refroidissement	
Eau de mer refroidissement	
Batterie	

☀ **PRÉVISIONS POUR LA JOURNÉE**

Vent : _____   Temps : _____

Houle : _____   Mer : _____

Visibilité : _____

☾ **PRÉVISIONS POUR LA NUIT**

Vent : _____   Temps : _____

Houle : _____   Mer : _____

Visibilité : _____

TENDANCES ULTÉRIEURES

Vent : _____   Temps : _____

Houle : _____   Mer : _____

Visibilité : _____

HEURE	VENT	MER	VISI	BARO	CAP COMPAS	ROUTE	DISTANCE	VITESSE	COURANT	ALLURES	OBSERVATIONS

Evénements & Incidents

Date du jour : _____ De _____ à _____

Météo : _____ Origine du bulletin _____

MOTEUR	
Huile	
Eau douce refroidissement	
Eau de mer refroidissement	
Batterie	

☼
—— PRÉVISIONS POUR LA JOURNÉE ——

Vent : _____ Temps : _____

Houle : _____ Mer : _____

Visibilité : _____

☾
—— PRÉVISIONS POUR LA NUIT ——

Vent : _____ Temps : _____

Houle : _____ Mer : _____

Visibilité : _____

—— TENDANCES ULTÉRIEURES ——

Vent : _____ Temps : _____

Houle : _____ Mer : _____

Visibilité : _____

HEURE	VENT	MER	VISI	BARO	CAP COMPAS	ROUTE	DISTANCE	VITESSE	COURANT	ALLURES	O B S E R V A T I O N S

Evénements & Incidents

Date du jour :   De   à

Météo :   Origine du bulletin

MOTEUR	
Huile	
Eau douce refroidissement	
Eau de mer refroidissement	
Batterie	

—— PRÉVISIONS POUR LA JOURNÉE ——

Vent :   Temps :

Houle :   Mer :

Visibilité :

—— PRÉVISIONS POUR LA NUIT ——

Vent :   Temps :

Houle :   Mer :

Visibilité :

—— TENDANCES ULTÉRIEURES ——

Vent :   Temps :

Houle :   Mer :

Visibilité :

HEURE	VENT	MER	VISI	BARO	CAP COMPAS	ROUTE	DISTANCE	VITESSE	COURANT	ALLURES	OBSERVATIONS

Evénements & Incidents

Date du jour : _____ De _____ à _____

Météo : _____ Origine du bulletin _____

MOTEUR	
Huile	
Eau douce refroidissement	
Eau de mer refroidissement	
Batterie	

☀
—— PRÉVISIONS POUR LA JOURNÉE ——

Vent : _____ Temps : _____

Houle : _____ Mer : _____

Visibilité : _____

☾
—— PRÉVISIONS POUR LA NUIT ——

Vent : _____ Temps : _____

Houle : _____ Mer : _____

Visibilité : _____

—— TENDANCES ULTÉRIEURES ——

Vent : _____ Temps : _____

Houle : _____ Mer : _____

Visibilité : _____

HEURE	VENT	MER	VISI	BARO	CAP COMPAS	ROUTE	DISTANCE	VITESSE	COURANT	ALLURES	OBSERVATIONS

Événements & Incidents

Date du jour : ______ De ______ à ______

Météo : ______ Origine du bulletin ______

MOTEUR	
Huile	
Eau douce refroidissement	
Eau de mer refroidissement	
Batterie	

PRÉVISIONS POUR LA JOURNÉE

Vent : ______ Temps : ______

Houle : ______ Mer : ______

Visibilité : ______

PRÉVISIONS POUR LA NUIT

Vent : ______ Temps : ______

Houle : ______ Mer : ______

Visibilité : ______

TENDANCES ULTÉRIEURES

Vent : ______ Temps : ______

Houle : ______ Mer : ______

Visibilité : ______

HEURE	VENT	MER	VISI	BARO	CAP COMPAS	ROUTE	DISTANCE	VITESSE	COURANT	ALLURES	OBSERVATIONS

Evénements & Incidents

Date du jour : _____   De _____ à _____

Météo : _____   Origine du bulletin _____

MOTEUR	
Huile	
Eau douce refroidissement	
Eau de mer refroidissement	
Batterie	

☀ — PRÉVISIONS POUR LA JOURNÉE —

Vent : _____   Temps : _____

Houle : _____   Mer : _____

Visibilité : _____

☾ — PRÉVISIONS POUR LA NUIT —

Vent : _____   Temps : _____

Houle : _____   Mer : _____

Visibilité : _____

— TENDANCES ULTÉRIEURES —

Vent : _____   Temps : _____

Houle : _____   Mer : _____

Visibilité : _____

HEURE	VENT	MER	VISI	BARO	CAP COMPAS	ROUTE	DISTANCE	VITESSE	COURANT	ALLURES	OBSERVATIONS

Evénements & Incidents

Date du jour : _____   De _____   à _____

Météo : _____   Origine du bulletin _____

MOTEUR	
Huile	
Eau douce refroidissement	
Eau de mer refroidissement	
Batterie	

☀ —— PRÉVISIONS POUR LA JOURNÉE ——   🌙 —— PRÉVISIONS POUR LA NUIT ——   —— TENDANCES ULTÉRIEURES ——

Vent : _____   Temps : _____   Vent : _____   Temps : _____   Vent : _____   Temps : _____

Houle : _____   Mer : _____   Houle : _____   Mer : _____   Houle : _____   Mer : _____

Visibilité : _____   Visibilité : _____   Visibilité : _____

HEURE	VENT	MER	VISI	BARO	CAP COMPAS	ROUTE	DISTANCE	VITESSE	COURANT	ALLURES	OBSERVATIONS

Evénements & Incidents

Date du jour : _____ De _____ à _____

Météo : _____ Origine du bulletin _____

MOTEUR	
Huile	
Eau douce refroidissement	
Eau de mer refroidissement	
Batterie	

☼
— PRÉVISIONS POUR LA JOURNÉE —

Vent : _____ Temps : _____

Houle : _____ Mer : _____

Visibilité : _____

☾
— PRÉVISIONS POUR LA NUIT —

Vent : _____ Temps : _____

Houle : _____ Mer : _____

Visibilité : _____

— TENDANCES ULTÉRIEURES —

Vent : _____ Temps : _____

Houle : _____ Mer : _____

Visibilité : _____

HEURE	VENT	MER	VISI	BARO	CAP COMPAS	ROUTE	DISTANCE	VITESSE	COURANT	ALLURES	OBSERVATIONS

Evénements & Incidents

Date du jour : _____ De _____ à _____

Météo : _____ Origine du bulletin _____

MOTEUR	
Huile	
Eau douce refroidissement	
Eau de mer refroidissement	
Batterie	

☀
—— PRÉVISIONS POUR LA JOURNÉE ——

Vent : _____ Temps : _____

Houle : _____ Mer : _____

Visibilité : _____

☾
—— PRÉVISIONS POUR LA NUIT ——

Vent : _____ Temps : _____

Houle : _____ Mer : _____

Visibilité : _____

—— TENDANCES ULTÉRIEURES ——

Vent : _____ Temps : _____

Houle : _____ Mer : _____

Visibilité : _____

HEURE	VENT	MER	VISI	BARO	CAP COMPAS	ROUTE	DISTANCE	VITESSE	COURANT	ALLURES	OBSERVATIONS

Evénements & Incidents

Date du jour : _____   De _____   à _____

Météo : _____   Origine du bulletin _____

MOTEUR	
Huile	
Eau douce refroidissement	
Eau de mer refroidissement	
Batterie	

☼
—— PRÉVISIONS POUR LA JOURNÉE ——

Vent : _____   Temps : _____

Houle : _____   Mer : _____

Visibilité : _____

☾
—— PRÉVISIONS POUR LA NUIT ——

Vent : _____   Temps : _____

Houle : _____   Mer : _____

Visibilité : _____

—— TENDANCES ULTÉRIEURES ——

Vent : _____   Temps : _____

Houle : _____   Mer : _____

Visibilité : _____

HEURE	VENT	MER	VISI	BARO	CAP COMPAS	ROUTE	DISTANCE	VITESSE	COURANT	ALLURES	OBSERVATIONS

Evénements & Incidents

Date du jour : _____ De _____ à _____

Météo : _____ Origine du bulletin _____

☀ — PRÉVISIONS POUR LA JOURNÉE —

Vent : _____ Temps : _____

Houle : _____ Mer : _____

Visibilité : _____

☾ — PRÉVISIONS POUR LA NUIT —

Vent : _____ Temps : _____

Houle : _____ Mer : _____

Visibilité : _____

— TENDANCES ULTÉRIEURES —

Vent : _____ Temps : _____

Houle : _____ Mer : _____

Visibilité : _____

HEURE	VENT	MER	VISI	BARO	CAP COMPAS	ROUTE	DISTANCE	VITESSE	COURANT	ALLURES	OBSERVATIONS

Evénements & Incidents

Date du jour : _____ De _____ à _____

Météo : _____ Origine du bulletin _____

MOTEUR	
Huile	
Eau douce refroidissement	
Eau de mer refroidissement	
Batterie	

☀

—— PRÉVISIONS POUR LA JOURNÉE ——

Vent : _____ Temps : _____

Houle : _____ Mer : _____

Visibilité : _____

☾

—— PRÉVISIONS POUR LA NUIT ——

Vent : _____ Temps : _____

Houle : _____ Mer : _____

Visibilité : _____

—— TENDANCES ULTÉRIEURES ——

Vent : _____ Temps : _____

Houle : _____ Mer : _____

Visibilité : _____

HEURE	VENT	MER	VISI	BARO	CAP COMPAS	ROUTE	DISTANCE	VITESSE	COURANT	ALLURES	OBSERVATIONS

Evénements & Incidents

Date du jour : .... De .... à ....

Météo : .... Origine du bulletin ....

☼
── PRÉVISIONS POUR LA JOURNÉE ──

Vent : .... Temps : ....

Houle : .... Mer : ....

Visibilité : ....

☾
── PRÉVISIONS POUR LA NUIT ──

Vent : .... Temps : ....

Houle : .... Mer : ....

Visibilité : ....

── TENDANCES ULTÉRIEURES ──

Vent : .... Temps : ....

Houle : .... Mer : ....

Visibilité : ....

HEURE	VENT	MER	VISI	BARO	CAP COMPAS	ROUTE	DISTANCE	VITESSE	COURANT	ALLURES	OBSERVATIONS

Evénements & Incidents

Date du jour : _____ De _____ à _____

Météo : _____ Origine du bulletin _____

MOTEUR	
Huile	
Eau douce refroidissement	
Eau de mer refroidissement	
Batterie	

☼
—— PRÉVISIONS POUR LA JOURNÉE ——

Vent : _____ Temps : _____

Houle : _____ Mer : _____

Visibilité : _____

☾
—— PRÉVISIONS POUR LA NUIT ——

Vent : _____ Temps : _____

Houle : _____ Mer : _____

Visibilité : _____

—— TENDANCES ULTÉRIEURES ——

Vent : _____ Temps : _____

Houle : _____ Mer : _____

Visibilité : _____

HEURE	VENT	MER	VISI	BARO	CAP COMPAS	ROUTE	DISTANCE	VITESSE	COURANT	ALLURES	OBSERVATIONS

Evénements & Incidents

Date du jour : _____   De _____ à _____

Météo : _____   Origine du bulletin _____

☀ PRÉVISIONS POUR LA JOURNÉE

Vent : _____   Temps : _____

Houle : _____   Mer : _____

Visibilité : _____

☾ PRÉVISIONS POUR LA NUIT

Vent : _____   Temps : _____

Houle : _____   Mer : _____

Visibilité : _____

TENDANCES ULTÉRIEURES

Vent : _____   Temps : _____

Houle : _____   Mer : _____

Visibilité : _____

HEURE	VENT	MER	VISI	BARO	CAP COMPAS	ROUTE	DISTANCE	VITESSE	COURANT	ALLURES	OBSERVATIONS

Evénements & Incidents

Date du jour : _____   De _____ à _____

Météo : _____   Origine du bulletin _____

MOTEUR	
Huile	
Eau douce refroidissement	
Eau de mer refroidissement	
Batterie	

☼
—— **PRÉVISIONS POUR LA JOURNÉE** ——

Vent : _____   Temps : _____

Houle : _____   Mer : _____

Visibilité : _____

☾
—— **PRÉVISIONS POUR LA NUIT** ——

Vent : _____   Temps : _____

Houle : _____   Mer : _____

Visibilité : _____

—— **TENDANCES ULTÉRIEURES** ——

Vent : _____   Temps : _____

Houle : _____   Mer : _____

Visibilité : _____

HEURE	VENT	MER	VISI	BARO	CAP COMPAS	ROUTE	DISTANCE	VITESSE	COURANT	ALLURES	OBSERVATIONS

Evénements & Incidents

Date du jour : _____ De _____ à _____

Météo : _____ Origine du bulletin _____

MOTEUR	
Huile	
Eau douce refroidissement	
Eau de mer refroidissement	
Batterie	

☀

—— PRÉVISIONS POUR LA JOURNÉE ——

Vent : _____ Temps : _____

Houle : _____ Mer : _____

Visibilité : _____

☾

—— PRÉVISIONS POUR LA NUIT ——

Vent : _____ Temps : _____

Houle : _____ Mer : _____

Visibilité : _____

—— TENDANCES ULTÉRIEURES ——

Vent : _____ Temps : _____

Houle : _____ Mer : _____

Visibilité : _____

HEURE	VENT	MER	VISI	BARO	CAP COMPAS	ROUTE	DISTANCE	VITESSE	COURANT	ALLURES	OBSERVATIONS

Evénements & Incidents

Date du jour : _____   De _____   à _____

Météo : _____   Origine du bulletin _____

MOTEUR	
Huile	
Eau douce refroidissement	
Eau de mer refroidissement	
Batterie	

☼
—— PRÉVISIONS POUR LA JOURNÉE ——

Vent : _____   Temps : _____

Houle : _____   Mer : _____

Visibilité : _____

☾
—— PRÉVISIONS POUR LA NUIT ——

Vent : _____   Temps : _____

Houle : _____   Mer : _____

Visibilité : _____

—— TENDANCES ULTÉRIEURES ——

Vent : _____   Temps : _____

Houle : _____   Mer : _____

Visibilité : _____

HEURE	VENT	MER	VISI	BARO	CAP COMPAS	ROUTE	DISTANCE	VITESSE	COURANT	ALLURES	OBSERVATIONS

Evénements & Incidents

Date du jour : _____ De _____ à _____

Météo : _____ Origine du bulletin _____

MOTEUR	
Huile	
Eau douce refroidissement	
Eau de mer refroidissement	
Batterie	

☀ — PRÉVISIONS POUR LA JOURNÉE —

Vent : _____ Temps : _____

Houle : _____ Mer : _____

Visibilité : _____

☾ — PRÉVISIONS POUR LA NUIT —

Vent : _____ Temps : _____

Houle : _____ Mer : _____

Visibilité : _____

— TENDANCES ULTÉRIEURES —

Vent : _____ Temps : _____

Houle : _____ Mer : _____

Visibilité : _____

HEURE	VENT	MER	VISI	BARO	CAP COMPAS	ROUTE	DISTANCE	VITESSE	COURANT	ALLURES	OBSERVATIONS

Evénements & Incidents

Date du jour : _____ De _____ à _____

Météo : _____ Origine du bulletin _____

MOTEUR	
Huile	
Eau douce refroidissement	
Eau de mer refroidissement	
Batterie	

☼
—— PRÉVISIONS POUR LA JOURNÉE ——

Vent : _____ Temps : _____

Houle : _____ Mer : _____

Visibilité : _____

☾
—— PRÉVISIONS POUR LA NUIT ——

Vent : _____ Temps : _____

Houle : _____ Mer : _____

Visibilité : _____

—— TENDANCES ULTÉRIEURES ——

Vent : _____ Temps : _____

Houle : _____ Mer : _____

Visibilité : _____

HEURE	VENT	MER	VISI	BARO	CAP COMPAS	ROUTE	DISTANCE	VITESSE	COURANT	ALLURES	OBSERVATIONS

Evénements & Incidents

Date du jour : _____ De _____ à _____

Météo : _____ Origine du bulletin _____

MOTEUR	
Huile	
Eau douce refroidissement	
Eau de mer refroidissement	
Batterie	

☼
—— PRÉVISIONS POUR LA JOURNÉE ——

Vent : _____ Temps : _____

Houle : _____ Mer : _____

Visibilité : _____

☾
—— PRÉVISIONS POUR LA NUIT ——

Vent : _____ Temps : _____

Houle : _____ Mer : _____

Visibilité : _____

—— TENDANCES ULTÉRIEURES ——

Vent : _____ Temps : _____

Houle : _____ Mer : _____

Visibilité : _____

HEURE	VENT	MER	VISI	BARO	CAP COMPAS	ROUTE	DISTANCE	VITESSE	COURANT	ALLURES	OBSERVATIONS

Evénements & Incidents

Date du jour : _____   De _____   à _____

Météo : _____   Origine du bulletin _____

MOTEUR	
Huile	
Eau douce refroidissement	
Eau de mer refroidissement	
Batterie	

☀ —— PRÉVISIONS POUR LA JOURNÉE ——

Vent : _____   Temps : _____

Houle : _____   Mer : _____

Visibilité : _____

☾ —— PRÉVISIONS POUR LA NUIT ——

Vent : _____   Temps : _____

Houle : _____   Mer : _____

Visibilité : _____

—— TENDANCES ULTÉRIEURES ——

Vent : _____   Temps : _____

Houle : _____   Mer : _____

Visibilité : _____

HEURE	VENT	MER	VISI	BARO	CAP COMPAS	ROUTE	DISTANCE	VITESSE	COURANT	ALLURES	OBSERVATIONS

Evénements & Incidents

Date du jour : _____   De _____   à _____

Météo : _____   Origine du bulletin _____

MOTEUR	
Huile	
Eau douce refroidissement	
Eau de mer refroidissement	
Batterie	

☀

—— PRÉVISIONS POUR LA JOURNÉE ——

Vent : _____   Temps : _____

Houle : _____   Mer : _____

Visibilité : _____

☾

—— PRÉVISIONS POUR LA NUIT ——

Vent : _____   Temps : _____

Houle : _____   Mer : _____

Visibilité : _____

—— TENDANCES ULTÉRIEURES ——

Vent : _____   Temps : _____

Houle : _____   Mer : _____

Visibilité : _____

HEURE	VENT	MER	VISI	BARO	CAP COMPAS	ROUTE	DISTANCE	VITESSE	COURANT	ALLURES	OBSERVATIONS

Evénements & Incidents

Date du jour :	De	à

Météo :   Origine du bulletin

MOTEUR	
Huile	
Eau douce refroidissement	
Eau de mer refroidissement	
Batterie	

☼
—— PRÉVISIONS POUR LA JOURNÉE ——

Vent :   Temps :

Houle :   Mer :

Visibilité :

☾
—— PRÉVISIONS POUR LA NUIT ——

Vent :   Temps :

Houle :   Mer :

Visibilité :

—— TENDANCES ULTÉRIEURES ——

Vent :   Temps :

Houle :   Mer :

Visibilité :

HEURE	VENT	MER	VISI	BARO	CAP COMPAS	ROUTE	DISTANCE	VITESSE	COURANT	ALLURES	OBSERVATIONS

Evénements & Incidents

Date du jour :

De ____ **à** ____

Météo :

Origine du bulletin ____

MOTEUR	
Huile	
Eau douce refroidissement	
Eau de mer refroidissement	
Batterie	

—— PRÉVISIONS POUR LA JOURNÉE ——

Vent : ____   Temps : ____

Houle : ____   Mer : ____

Visibilité : ____

—— PRÉVISIONS POUR LA NUIT ——

Vent : ____   Temps : ____

Houle : ____   Mer : ____

Visibilité : ____

—— TENDANCES ULTÉRIEURES ——

Vent : ____   Temps : ____

Houle : ____   Mer : ____

Visibilité : ____

HEURE	VENT	MER	VISI	BARO	CAP COMPAS	ROUTE	DISTANCE	VITESSE	COURANT	ALLURES	OBSERVATIONS

Evénements & Incidents

Date du jour : _____   De _____ à _____

Météo : _____   Origine du bulletin _____

MOTEUR	
Huile	
Eau douce refroidissement	
Eau de mer refroidissement	
Batterie	

☀

—— PRÉVISIONS POUR LA JOURNÉE ——

Vent : _____   Temps : _____

Houle : _____   Mer : _____

Visibilité : _____

☾

—— PRÉVISIONS POUR LA NUIT ——

Vent : _____   Temps : _____

Houle : _____   Mer : _____

Visibilité : _____

—— TENDANCES ULTÉRIEURES ——

Vent : _____   Temps : _____

Houle : _____   Mer : _____

Visibilité : _____

HEURE	VENT	MER	VISI	BARO	CAP COMPAS	ROUTE	DISTANCE	VITESSE	COURANT	ALLURES	OBSERVATIONS

Evénements & Incidents

Date du jour : _____   De _____   à _____

Météo : _____   Origine du bulletin _____

MOTEUR	
Huile	
Eau douce refroidissement	
Eau de mer refroidissement	
Batterie	

☼
—— PRÉVISIONS POUR LA JOURNÉE ——

Vent : _____   Temps : _____

Houle : _____   Mer : _____

Visibilité : _____

☾
—— PRÉVISIONS POUR LA NUIT ——

Vent : _____   Temps : _____

Houle : _____   Mer : _____

Visibilité : _____

—— TENDANCES ULTÉRIEURES ——

Vent : _____   Temps : _____

Houle : _____   Mer : _____

Visibilité : _____

HEURE	VENT	MER	VISI	BARO	CAP COMPAS	ROUTE	DISTANCE	VITESSE	COURANT	ALLURES	OBSERVATIONS

Evénements & Incidents

Date du jour : _____ De _____ à _____

Météo : _____ Origine du bulletin _____

MOTEUR	
Huile	
Eau douce refroidissement	
Eau de mer refroidissement	
Batterie	

☀ ── PRÉVISIONS POUR LA JOURNÉE ──

Vent : _____ Temps : _____

Houle : _____ Mer : _____

Visibilité : _____

☾ ── PRÉVISIONS POUR LA NUIT ──

Vent : _____ Temps : _____

Houle : _____ Mer : _____

Visibilité : _____

── TENDANCES ULTÉRIEURES ──

Vent : _____ Temps : _____

Houle : _____ Mer : _____

Visibilité : _____

HEURE	VENT	MER	VISI	BARO	CAP COMPAS	ROUTE	DISTANCE	VITESSE	COURANT	ALLURES	OBSERVATIONS

Evénements & Incidents

Date du jour : _____ **De** _____ **à** _____

Météo : _____ **Origine du bulletin** _____

MOTEUR	
Huile	
Eau douce refroidissement	
Eau de mer refroidissement	
Batterie	

☼
—— PRÉVISIONS POUR LA JOURNÉE ——

Vent : _____ Temps : _____

Houle : _____ Mer : _____

Visibilité : _____

☾
—— PRÉVISIONS POUR LA NUIT ——

Vent : _____ Temps : _____

Houle : _____ Mer : _____

Visibilité : _____

—— TENDANCES ULTÉRIEURES ——

Vent : _____ Temps : _____

Houle : _____ Mer : _____

Visibilité : _____

HEURE	VENT	MER	VISI	BARO	CAP COMPAS	ROUTE	DISTANCE	VITESSE	COURANT	ALLURES	OBSERVATIONS

Evénements & Incidents

Date du jour : _____ De _____ à _____

Météo : _____ Origine du bulletin _____

MOTEUR	
Huile	
Eau douce refroidissement	
Eau de mer refroidissement	
Batterie	

☀

—— PRÉVISIONS POUR LA JOURNÉE ——

Vent : _____ Temps : _____

Houle : _____ Mer : _____

Visibilité : _____

☾

—— PRÉVISIONS POUR LA NUIT ——

Vent : _____ Temps : _____

Houle : _____ Mer : _____

Visibilité : _____

—— TENDANCES ULTÉRIEURES ——

Vent : _____ Temps : _____

Houle : _____ Mer : _____

Visibilité : _____

HEURE	VENT	MER	VISI	BARO	CAP COMPAS	ROUTE	DISTANCE	VITESSE	COURANT	ALLURES	OBSERVATIONS

Evénements & Incidents

Date du jour : _____ De _____ à _____

Météo : _____ Origine du bulletin _____

MOTEUR	
Huile	
Eau douce refroidissement	
Eau de mer refroidissement	
Batterie	

☀

—— PRÉVISIONS POUR LA JOURNÉE ——

Vent : _____ Temps : _____

Houle : _____ Mer : _____

Visibilité : _____

☾

—— PRÉVISIONS POUR LA NUIT ——

Vent : _____ Temps : _____

Houle : _____ Mer : _____

Visibilité : _____

—— TENDANCES ULTÉRIEURES ——

Vent : _____ Temps : _____

Houle : _____ Mer : _____

Visibilité : _____

HEURE	VENT	MER	VISI	BARO	CAP COMPAS	ROUTE	DISTANCE	VITESSE	COURANT	ALLURES	OBSERVATIONS

Evénements & Incidents

Date du jour : _____ De _____ à _____

Météo : _____

Origine du bulletin _____

MOTEUR	
Huile	
Eau douce refroidissement	
Eau de mer refroidissement	
Batterie	

☀

—— PRÉVISIONS POUR LA JOURNÉE ——

Vent : _____ Temps : _____

Houle : _____ Mer : _____

Visibilité : _____

☾

—— PRÉVISIONS POUR LA NUIT ——

Vent : _____ Temps : _____

Houle : _____ Mer : _____

Visibilité : _____

—— TENDANCES ULTÉRIEURES ——

Vent : _____ Temps : _____

Houle : _____ Mer : _____

Visibilité : _____

HEURE	VENT	MER	VISI	BARO	CAP COMPAS	ROUTE	DISTANCE	VITESSE	COURANT	ALLURES	OBSERVATIONS

Evénements & Incidents

Date du jour : _____   De _____ à _____

Météo : _____   Origine du bulletin _____

MOTEUR	
Huile	
Eau douce refroidissement	
Eau de mer refroidissement	
Batterie	

☀

──── PRÉVISIONS POUR LA JOURNÉE ────

Vent : _____   Temps : _____

Houle : _____   Mer : _____

Visibilité : _____

☾

──── PRÉVISIONS POUR LA NUIT ────

Vent : _____   Temps : _____

Houle : _____   Mer : _____

Visibilité : _____

──── TENDANCES ULTÉRIEURES ────

Vent : _____   Temps : _____

Houle : _____   Mer : _____

Visibilité : _____

HEURE	VENT	MER	VISI	BARO	CAP COMPAS	ROUTE	DISTANCE	VITESSE	COURANT	ALLURES	OBSERVATIONS

Evénements & Incidents

Date du jour : _____ De _____ à _____

Météo : _____ Origine du bulletin _____

MOTEUR	
Huile	
Eau douce refroidissement	
Eau de mer refroidissement	
Batterie	

☀

—— PRÉVISIONS POUR LA JOURNÉE ——

Vent : _____ Temps : _____

Houle : _____ Mer : _____

Visibilité : _____

☾

—— PRÉVISIONS POUR LA NUIT ——

Vent : _____ Temps : _____

Houle : _____ Mer : _____

Visibilité : _____

—— TENDANCES ULTÉRIEURES ——

Vent : _____ Temps : _____

Houle : _____ Mer : _____

Visibilité : _____

HEURE	VENT	MER	VISI	BARO	CAP COMPAS	ROUTE	DISTANCE	VITESSE	COURANT	ALLURES	OBSERVATIONS

Evénements & Incidents

Date du jour : _____   De _____   à _____

Météo : _____   Origine du bulletin _____

MOTEUR	
Huile	
Eau douce refroidissement	
Eau de mer refroidissement	
Batterie	

☼
—— PRÉVISIONS POUR LA JOURNÉE ——

Vent : _____   Temps : _____

Houle : _____   Mer : _____

Visibilité : _____

☾
—— PRÉVISIONS POUR LA NUIT ——

Vent : _____   Temps : _____

Houle : _____   Mer : _____

Visibilité : _____

—— TENDANCES ULTÉRIEURES ——

Vent : _____   Temps : _____

Houle : _____   Mer : _____

Visibilité : _____

HEURE	VENT	MER	VISI	BARO	CAP COMPAS	ROUTE	DISTANCE	VITESSE	COURANT	ALLURES	OBSERVATIONS

Evénements & Incidents

Date du jour : .... De .... à ....

Météo : .... Origine du bulletin ....

MOTEUR	
Huile	
Eau douce refroidissement	
Eau de mer refroidissement	
Batterie	

☀ ──── **PRÉVISIONS POUR LA JOURNÉE** ────

Vent : .... Temps : ....

Houle : .... Mer : ....

Visibilité : ....

☾ ──── **PRÉVISIONS POUR LA NUIT** ────

Vent : .... Temps : ....

Houle : .... Mer : ....

Visibilité : ....

──── **TENDANCES ULTÉRIEURES** ────

Vent : .... Temps : ....

Houle : .... Mer : ....

Visibilité : ....

HEURE	VENT	MER	VISI	BARO	CAP COMPAS	ROUTE	DISTANCE	VITESSE	COURANT	ALLURES	O B S E R V A T I O N S

Evénements & Incidents

Date du jour : _____ De _____ à _____

Météo : _____ Origine du bulletin _____

MOTEUR	
Huile	
Eau douce refroidissement	
Eau de mer refroidissement	
Batterie	

─ ☼ ─
─── PRÉVISIONS POUR LA JOURNÉE ───

Vent : _____ Temps : _____

Houle : _____ Mer : _____

Visibilité : _____

─ ☾ ─
─── PRÉVISIONS POUR LA NUIT ───

Vent : _____ Temps : _____

Houle : _____ Mer : _____

Visibilité : _____

─── TENDANCES ULTÉRIEURES ───

Vent : _____ Temps : _____

Houle : _____ Mer : _____

Visibilité : _____

HEURE	VENT	MER	VISI	BARO	CAP COMPAS	ROUTE	DISTANCE	VITESSE	COURANT	ALLURES	OBSERVATIONS

Evénements & Incidents

Date du jour : _____   De _____   à _____

Météo : _____   Origine du bulletin _____

☀
—— PRÉVISIONS POUR LA JOURNÉE ——

Vent : _____   Temps : _____

Houle : _____   Mer : _____

Visibilité : _____

☾
—— PRÉVISIONS POUR LA NUIT ——

Vent : _____   Temps : _____

Houle : _____   Mer : _____

Visibilité : _____

—— TENDANCES ULTÉRIEURES ——

Vent : _____   Temps : _____

Houle : _____   Mer : _____

Visibilité : _____

HEURE	VENT	MER	VISI	BARO	CAP COMPAS	ROUTE	DISTANCE	VITESSE	COURANT	ALLURES	OBSERVATIONS

Evénements & Incidents

Date du jour : _____   De _____ à _____

Météo : _____   Origine du bulletin _____

MOTEUR	
Huile	
Eau douce refroidissement	
Eau de mer refroidissement	
Batterie	

☀ — PRÉVISIONS POUR LA JOURNÉE —

Vent : _____   Temps : _____

Houle : _____   Mer : _____

Visibilité : _____

☾ — PRÉVISIONS POUR LA NUIT —

Vent : _____   Temps : _____

Houle : _____   Mer : _____

Visibilité : _____

— TENDANCES ULTÉRIEURES —

Vent : _____   Temps : _____

Houle : _____   Mer : _____

Visibilité : _____

HEURE	VENT	MER	VISI	BARO	CAP COMPAS	ROUTE	DISTANCE	VITESSE	COURANT	ALLURES	OBSERVATIONS

Événements & Incidents

Date du jour : _____ De _____ à _____

Météo : _____ Origine du bulletin _____

MOTEUR	
Huile	
Eau douce refroidissement	
Eau de mer refroidissement	
Batterie	

☼
— PRÉVISIONS POUR LA JOURNÉE —

Vent : _____ Temps : _____

Houle : _____ Mer : _____

Visibilité : _____

☾
— PRÉVISIONS POUR LA NUIT —

Vent : _____ Temps : _____

Houle : _____ Mer : _____

Visibilité : _____

— TENDANCES ULTÉRIEURES —

Vent : _____ Temps : _____

Houle : _____ Mer : _____

Visibilité : _____

HEURE	VENT	MER	VISI	BARO	CAP COMPAS	ROUTE	DISTANCE	VITESSE	COURANT	ALLURES	OBSERVATIONS

Evénements & Incidents

Date du jour : _____ De _____ à _____

Météo : _____ Origine du bulletin _____

MOTEUR	
Huile	
Eau douce refroidissement	
Eau de mer refroidissement	
Batterie	

☼
—— PRÉVISIONS POUR LA JOURNÉE ——

Vent : _____ Temps : _____

Houle : _____ Mer : _____

Visibilité : _____

☾
—— PRÉVISIONS POUR LA NUIT ——

Vent : _____ Temps : _____

Houle : _____ Mer : _____

Visibilité : _____

—— TENDANCES ULTÉRIEURES ——

Vent : _____ Temps : _____

Houle : _____ Mer : _____

Visibilité : _____

HEURE	VENT	MER	VISI	BARO	CAP COMPAS	ROUTE	DISTANCE	VITESSE	COURANT	ALLURES	OBSERVATIONS

Événements & Incidents

Printed by Amazon Italia Logistica S.r.l.
Torrazza Piemonte (TO), Italy

60715658R00088